ORHAN VELİ KANIK

Das Wort des Esels

Geschichten von NASREDDIN HODSCHA

Eşeğin Sözü

NASREDDİN HOCA'dan Fıkralar

**Texte in zwei Sprachen
deutsch — türkisch**

**İki dilde yayınlar
türkçe — almanca**

ARARAT VERLAG

Diese Veröffentlichung wird gefördert aus Projektmitteln des **Sprachverbands Deutsch für ausländische Arbeitnehmer** Mainz.

Auswahl, Vorwort und Übersetzung
von Yüksel Pazarkaya

Zeichnungen von Abidin Dino

Umschlagentwurf: Waldemar Grytz
(unter Benutzung einer Zeichnung
von Abidin Dino)

CIP-Kurztitelaufnahme der Deutschen Bibliothek
Kanık, Orhan Veli:
[Sammlung]
Das Wort des Esels: Geschichten von Nasreddin
Hodscha; dt.-türk. = Eşeğin sözü / Orhan Veli
Kanık. Ausw., Vorw. u. Übers. von Yüksel Pazarkaya. – 2. Aufl. – Berlin: Ararat-Verlag, 1981.
(Texte in zwei Sprachen)
Einheitssacht.: Nasreddin Hoca, yetmiş manzum hikaye
Teilausg.
ISBN 3-921889-54-5

© 1979 Ararat Verlag GmbH, Stuttgart   1. Auflage 1.–3. Tausend
1981 Ararat Verlag GmbH, Berlin   2. Auflage 4.–6. Tausend
(Alle Rechte für zweisprachige Ausgaben)
Satz: Fotosatz Heinz Aschenbroich, Stuttgart
Druck: J. F. Steinkopf Druck + Buch GmbH, Stuttgart
ISBN 3-921889-54-5

VORWORT

Die Geschichten und Streiche von Nasreddin Hodscha sind seit Jahrhunderten über die Landesgrenzen hinaus bekannt und vor allem in asiatischen Ländern weit verbreitet. Genaues über die Person Nasreddin Hodschas wissen wir nicht. Literaturhistoriker und Volkskundler vermuten, daß er im 13. Jahrhundert im Seldschukischen Reich in Sivrihisar geboren und in Akschehir gestorben ist. Er soll als Lehrer, Priester, Kadi und Weiser gewirkt haben. In vielen seiner Geschichten taucht er in diesen und ähnlichen Rollen auf. Andere wiederum schließen aus Geschichten Hodschas über den mongolischen Herrscher Tamerlan (spätes 14. Jahrhundert), daß beide Figuren Zeitgenossen gewesen seien.

Wie dem auch sei. Jedenfalls wird der historisch-reale Nasreddin Hodscha mit der Hauptfigur Hunderter von überlieferten Geschichten nicht sehr viel gemein haben. Denn die klugen Scherze, die humorig tiefgründigen, ironischen Witze, die lebensphilosophischen Bruchstücke, die in diesen Geschichten von Mund zu Mund an uns weitergegeben worden sind, sind nicht von einer einzigen realen Person zu erleben, zu erdenken und zu erfinden. Das anatolische Volk hat sich in den Jahrhunderten einen Nasreddin Hodscha geschaffen, mit dem es sich identifizieren konnte, der all die Eigenschaften des anatolischen Menschen in sich vereint: klug, ausgelassen, elementar tiefgründig auf der einen, schlagfertig, witzig und ironisch auf der anderen Seite. So muß man die Frische und Wirkung dieser Geschichten heute noch auf ihre volkstümliche Anonymität zurückführen.

Seit dem letzten Jahrhundert gibt es in der Türkei viele verschiedene gedruckte Versionen der Nasreddin-Hodscha-Geschichten. Nichtsdestoweniger mußte der bedeutende Dichter Orhan Veli (1914–1950) nach Studium dieser Textausgaben zu dem Schluß kommen, daß die Geschichten von Nasreddin Hodscha im Grunde noch gar nicht niedergeschrieben worden sind: „Die Bücher, die ich las, entbehrten sogar ein einigermaßen ordentliches Türkisch, ganz zu schweigen von einem guten Stil. So gelangte ich zu der Überzeugung, daß es keine geringe Tat wäre, diese Geschichten in einem lesbaren Türkisch wiederzugeben. Wenn ich nun behaupte, daß meine Geschichten von Nasreddin Hodscha die besten sind, die je geschrieben worden sind, kann das nicht als Überheblichkeit verstanden werden. Wie gesagt, sie waren bis heute noch nicht geschrieben, sondern nur von Mund zu Mund überliefert worden."

Dreißig Jahre nach der Entstehung dieser Verserzählungen kann die Behauptung Orhan Velis nur noch bestätigt werden. Deshalb war es für mich eine leichte Entscheidung, als ich für die vorliegende zweisprachige Ausgabe den Rückgriff auf Orhan Velis Vorlagen beschloß. Die Aufgabe, sie originalgetreu zu übersetzen, reizte mich mehr, als sie meinerseits auf Deutsch frei nachzuerzählen.

Orhan Veli, der in den dreißiger und vierziger Jahren den türkischen Vers in revolutionärer Manier von allen inhaltlichen, formalen und sprachlichen Fesseln befreite, griff bei seinen Nasreddin-Hodscha-Geschichten auf die tradierten, silbenzählenden Metren und auf Reimmittel zurück, doch er variierte das Metrum innerhalb einer Geschichte und unterwarf sich weder einem festen Reimschema, noch bestimmten Reimregeln, so daß trotz Reim und Metrum in seinen Erzählgedichten keine formale Eintönigkeit aufkommt.

Meine Bemühung ging nun dahin, nicht nur die klaren Handlungen der Geschichten originalgetreu wiederzugeben, sondern auch die Formelemente und die Strukturen dieser Erzählgedichte zu erhalten. Ich übersetzte sie ebenfalls in variierenden, silbenzählenden Metren und dem Original entsprechend gereimt. Bleibt zu hoffen, daß der deutsche Leser diese Übersetzungen mit dem gleichen Genuß und Vergnügen liest, wie der türkische Leser die Originale Orhan Velis.

Stuttgart, im November 1979   Yüksel Pazarkaya

EŞEĞİN SÖZÜ

Bir gün bir ahbabı Hocaya gelir.
İki saat için eşeği ister.
Kasabaya gitmek niyetindedir;
«Kasaba dönüşü getiririm» der.
Hoca bir lâhza durur;
Sonra vermemek için şöyle bir şey uydurur:
— «Bu işini görmeyi doğrusu çok isterdim.
Ama yok hayvan evde; demin birine verdim.»
Tam ahbabın ayrılacağı sıra
İçerden bir ses gelir;
Gittikçe de yükselir.
Eşek ahırdan, anıra anıra,
Evde olduğunu bildirmededir.
Bir ses ki ne pencere kalır, ne cam.
Fena bozulur adam:
— «Aşk olsun, Hoca! der, evdeymiş eşek.
Beni kandırdın demek.»
Hoca kızmaktan başka yol bulamaz.
Bir bağırır dostuna, avaz avaz:
— «Bakın hele! Nezaket var mı şunda?
Sen karşındakini ne sanıyorsun?
Benim sözüme inanmıyorsun da
Eşeğinkine mi inanıyorsun?»

DAS WORT DES ESELS

Zu Hodscha kommt eines Tages ein Bekannter.
Für zwei Stunden will er den Esel leihn.
Ich will in die Stadt reiten, bekennt er;
„Nach meiner Rückkehr ist er wieder dein."
    Hodscha nach kurzem Grübeln;
Wer wollte ihm denn die Ausrede verübeln:
— „Für die Erfüllung deines Wunsches hätte ich gern gesorgt.
Doch das Tier ist nicht zuhaus, ich hab es ausgeborgt."
    Kaum ist dies Gespräch vorbei,
        Tönt es schon von drinnen her
        Laut und lauter immer mehr.
Aus dem Stall verkündet des Esels Geschrei,
Daß er doch zuhause sei.
Ein Schrei, der Fenster und Rahmen erschüttert,
    Darauf der Mann vor Wut erzittert:
        — „Mich hast du belogen, bravo Hodscha!
    Der Esel war doch da."
Notgedrungen gerät Hodscha in Zorn,
Nimmt den Freund aufs Korn:
— „Sieh mal an! Kennst du denn keinen Anstand?
Wer, glaubst du, steht vor dir?
Nicht meinem Wort also, das ist allerhand,
Dem Wort des Esels glaubst du hier?"

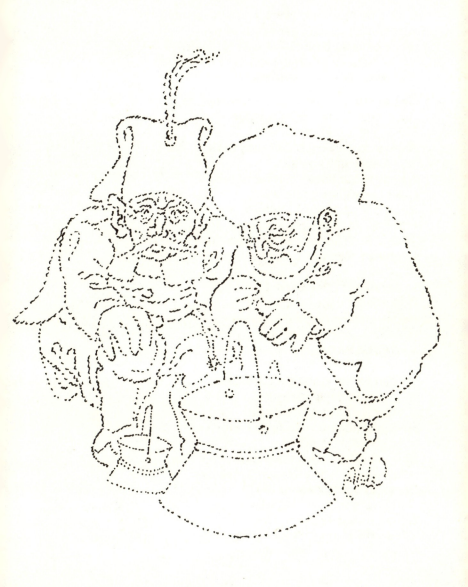

DOĞURAN KAZAN

Ödünç bir kazan alır Hoca bir komşusundan.
Verirken bir tencere yerleştirir içine.
　Komşusu sorar: — «Bu ne?»
　— «Doğurdu senin kazan.»
Komşusunun ölçü olmaz sevincine.

Üç beş gün bir zaman geçer aradan.
Hoca yine kalkar, komşuya gider;
Bir iki gün için kazanı ister.
Komşu da «hay hay!» der, «baş üstüne!» der.
　Geçer yine zaman.
Komşu bakar kazan gelmiyor geri;
Çekince ayağına çedikleri,
Hocanın evinde alır soluğu;
Sorar: — «Yahu! Bizim kazan ne oldu?»
— «Ha! Sizin kazan mı? Sizlere ömür!»
— «Aman, Hocam! Kazan bu; nasıl ölür?»
— «Komşum, vallahi saçmaladın yine.
Kazan neden ölmesin, doğursun da?
Doğurduğuna inanıyorsun da
Neden inanmıyorsun öldüğüne?»

VÂDEYLE PARA

Bir gün bir komşusu gidip Hocadan
　　　Vâdeyle para ister.
«Durumum biraz sıkışıkça da . . .» der.
Hocaysa memnun olmaz bu ricadan.
　　　Ah! Olmaz, olmaz! Ama,
Belli etmek de istemez adama.
«Vâdeyle, der, para istedin demek . . .
Senin bu işini halletmek gerek.
Gerek ya, sen de bir kolaylık göster;
Bunların hepsini benden isteme.
Vâde vermek düşsün benim hisseme,
Parayı da başkasından buluver.»

DER KESSEL, DER GEBIERT

Hodscha borgt sich vom Nachbar einen Kessel aus.
Mit einem Topf darin gibt er ihn dann zurück.
— „Was?" fragt der Nachbar entzückt.
— „Er gebar in meinem Haus."
Grenzenlos ist der Nachbar beglückt.

Nach ein'ger Zeit, die inzwischen verstreicht,
Macht Hodscha sich wieder auf die Sohlen,
Von dem Nachbar den Kessel zu holen.
— „Mit Vergnügen!" sagt der unverhohlen.
　Wieder verstreicht ein'ge Zeit.
Dem Nachbar fehlt sein Kessel immer noch;
Seinen Saffianschuh an mit einem Loch,
Eilt er zu Hodscha und fragt atemlos:
— „He du! Was ist mit meinem Kessel los?"
— „Ach ja! Dein Kessel? Gott hab' ihn selig!"
— „Kann 'n Kessel sterben? Mir wird schwindelig!"
— „Nachbar, wie unsinnig du wieder bist!
Wieso denn soll der Kessel nicht sterben?
Du glaubst doch, der Kessel kann gebären,
Warum dann nicht, daß er gestorben ist?"

BEFRISTETES DARLEHEN

Eines Tages bittet ein Nachbar Hodscha um
　Ein befristetes Darlehen.
„Ich bin knapp bei Kasse . . ." sagt er, drum.
Hodscha bereitet dieser Wunsch Wehen.
　Ach! Nein, nein! — Sieh aber an,
Seine Unlust zeigt er doch nicht dem Mann.
„Du willst also ein Darlehen mit Frist . . .
Den Wunsch muß man erfüllen, weil du's bist.
Aber komm du auch etwas entgegen;
Verlange bitte nicht alles von mir.
Die Frist gewähre ich sehr gerne dir,
Das Darlehen laß einen andern geben."

TAVŞAN SUYU

Bir yabancı, konuk olur Hocaya
　　Ama nezaket bu ya,
Tutar bir de tavşan hediye eder;
«Çoban armağanı, çam sakızı» der.
Hoca bir güzel pişirir tavşanı.
Akşam olur, gelir yemek zamanı;
Orta yere bakır sini kurulur;
Hep birden etrafına oturulur.
Hoca hem yemek yer, hem sohbet eder;
Ertesi gün misafir kalkar gider.
Bir gün içinde de pek sevişilir.
Arkasından başka bir konuk gelir;
«Tavşan getirenin komşusuyum» der,
Hoca bu adamı da buyur eder.
Tavşanın suyuna bir çorba yapar;
Adam çorbayı yer, ağzını kapar.
O konuk da gider, gelir başkası:
Tavşan getirenin bir akrabası.
Gittikçe sıklaşır bu misafirler.
Fakat Hocanın canına tak eder.
«Tavşansa tavşan, der, anladık ama;
Bu kadar da yük olunmaz adama.»
Komşular gidip gidip gelmededir.
Bir sefer tam beş kişi birden gelir.
Hoca bu konukları da karşılar;
　　Adamlar
　　Şöyle derler Hocaya:
«Hani tavşanı getiren vardı ya;
Komşusunun komşusuyuz biz onun.»
Hoca: «Ya! der, hoş geldiniz, buyrun!»
Akşam olur, sofra kurulur yine;

DIE HASENBRÜHE

Ein Fremder kommt zu Hodscha als Gast.
   Doch er fällt nicht zur Last,
Aus Anstand schenkt er einen Hasen:
— „Eine Kleinigkeit, gut zum Braten."
Hodscha kocht den Hasen ordentlich.
Abend ist, die Tischzeit kommt endlich;
In die Mitte die Platte gestellt;
Einer zum andern um sie gesellt.
Hodscha ißt und spricht schön wie ein Lied;
Am andern Tag nimmt der Gast Abschied.
Ein Tag genügt für gute Freundschaft.
Bald macht der nächste Gast Bekanntschaft:
— „Ein Nachbar des Manns mit dem Hasen."
Hodscha muß ihn willkommen heißen.
Er macht Suppe aus der Hasenbrüh';
Der Mann ißt sich satt und schweigt schon früh.
Ihm folgt ein Verwandter, ja achte,
Des Mannes, der den Hasen brachte.
Immer häuf'ger werden die Gäste,
Nehmen Hodscha die letzten Reste.
„Wie der Hase läuft, versteh' ich jetzt;
Das wird ja zur Plage noch zuletzt."
Zu Hodscha kommen nun alle Zünft'.
Einmal kommen sie gar gleich zu fünft.
Hodscha empfängt auch diese Gäste;
   Diese
     Sprechen so zu Hodscha:
— „Du kennst den Mann mit dem Hasen, ja;
Die Nachbarn seines Nachbarn sind wir."
— „So!" sagt er, „Willkommen, nehmt Platz hier!"
Am Abend wird der Tisch gerichtet;

Bir tas konur sofranın üzerine:
Kuyu suyuyla dolur bir koca tas.
Konuklar bu işten bir şey anlamaz.
İçlerinden biri tasa eğilir;
Sorar: — «Hocam, bu nedir?»
   Hoca hemen doğrulur:
— «Bu, der, tavşanın suyunun suyudur.»

KAVUK

Bir gün bir adam, elinde bir mektup,
   Der ki, Hocayı tutup:
   — «Hocam, zahmet ya sana,
Şu mektubu bana bir okusana.»
Açar bakar ki Hoca,
Mektup baştan sona kadar arapça.
Şöyle bir iki evirir çevirir;
Söktüremez; çaresiz, geri verir.
Der ki: — «Başkasına okut bunu sen.»
   Adam şaşırır: — «Neden?»
   — «Türkçe değil bu mektup; okuyamam.»
   Yine anlamaz adam.
Hocanın okuması yok zanneder.
— «Ayıp, Hoca! Ayıp, der.
Benden utanmıyorsan, şundan utan!
Şu başındaki koca kavuğundan.»
Hoca kavuğu çıkartıp uzatır.
Sonra «madem ki, der, iş kavuktadır
Haydi; benim düdüğüm, giy de şunu
Kendin oku bakalım mektubunu.»

Eine Schüssel darauf gesichtet:
Eine große Schüssel voll Wasser.
Das Staunen der Gäste wird krasser.
Einer beugt sich über die Schüssel;
— „Was ist das?" fragt er durch den Rüssel.
  Hodscha kommt ins Rasen:
— „Das ist die Brühe der Brühe des Hasen."

DER TURBAN

Ein Mann, in der Hand einen Brief,
  Kam zu Hodscha und rief:
  — „Hodscha, ich bin ein Tor,
Lies diesen Brief mir einmal vor."
Hodscha öffnet ihn und erschrickt,
Da er nur Arabisch erblickt.
Er dreht ihn ein paarmal hin und her,
Reicht'n hilflos zurück, dann sagt er:
— „Laß ihn einen andern lesen."
    — „Ich fress' einen Besen!?"
    — „Ich kann nicht; es ist nicht Türkisch."
    Der Mann versteht Spanisch,
Glaubt, daß Hodscha nicht lesen kann.
    — „Schäm dich doch!" sagt er dann.
„Und wenn nicht vor mir, alter Zopf,
Dann vorm Turban auf deinem Kopf!"
Hodscha nimmt ihn ab und gibt'n dem Mann:
— „Liegt es also an dem Turban;
Los, so nimm und setz ihn dir auf,
Lies deinen Brief, sag, was steht drauf."

KENDİ SANMIŞ

Rahmetli Hoca eyyamın birinde,
Dolaşır dururken pazar yerinde,
Rastgele biriyle sohbete dalar.
Pek sever bu tatlı dilli adamı.
Der ki: «Ne de güzel konuşması var!
Unutturdu bana kederi, gamı.»
En sonunda ayrılacak olurlar;
O zaman Hoca bu adama sorar:
— «Bağışla beni, ağam, zatınıza kim denir?»
Beriki hiddetlenir.
Çıkışır, der ki: — «Mâdem beni tanımıyordun,
Neden yanıma geldin, öyle konuştun durdun?»
Ne diyeceğini şaşırır Hoca.
Öyle ya, adam haklı.
Ama sıkışınca, darda kalınca
Neler icad etmez Hocanın aklı!
Hemen adama şu cevabı verir:
— «Kavuğuna baktım, benim kavuğum;
Sarığına baktım, benim sarığım;
Dedim ki bu adam ben olmalıyım,
Onun için geldim, konuştum zahir.»

HOCANIN ŞAHİTLİĞİ

Dobra dobra konuşur, Hocanın huyu da bu.
Böylesi yalancı şahit olur mu?
Ama olmuş. Gelmişler, kandırmışlar.
Haklı dâva diyip inandırmışlar.
Davacı, Hocaya işi anlatmış;
Onun da aklı yatmış.

MIT SICH SELBST VERWECHSELT

Als Hodscha selig im Basar
Wieder einmal zum Bummeln war,
Spricht er dort irgendeinen an.
Er mag des Mannes netten Ton
Und denkt: „Wie schön spricht dieser Mann!
Verscheucht sind meine Sorgen schon."
Schließlich wollen sie sich trennen;
Da will Hodscha seinen Namen kennen:
— „Verzeiht, Nachbar, wie werdet Ihr genannt?"
Darauf dieser wutentbrannt:
— „Wenn du mich nicht kanntest", ist die Antwort,
„Warum dann sprachst du mit mir immerfort?"
Hodscha verschlägt es die Sprache.
Recht hat er, wie er auch heißt.
Doch bei jeder vertrackten Sache
Ist Hodscha ein Erfindergeist!
Dem Mann schenkt er reinen Wein ein:
— „Dein Turban ist ganz der meine;
Deine Schleife ist die meine;
Ich dachte, ich bin dieser Mann.
Das muß der Grund gewesen sein."

HODSCHA ALS ZEUGE

Das ist nun mal Hodschas Art, er redet grad heraus.
Sagt denn so jemand als falscher Zeuge aus?
Schau, er tut's. Er mußt' sich den Leuten beugen,
Die kamen, ihn von sich zu überzeugen.
So brachte ihm der Kläger die Sache bei;
Das war ihm zunächst einerlei.

Bir buğday meselesiymiş mesele.
— «Hocam, demiş, bir kazanalım hele;
Sana tamam bin akça.»
Malûm, paraya dayanamaz Hoca;
Gözlerini bir dumandır bürümüş;
«Peki!» demiş, yürümüş.
Hep birlikte çıkılmış kadı'nın huzuruna;
Bir çok sual sorulmuş şuna buna.
Dâva kazanıldı, kazanılacak,
 Ancak
Bir de Hocanın ifadesi gerek.
Kadı o ifadeyi de istemiş.
Hoca başlamış «Efendim!» diyerek.
Ama başlar başlamaz,
Buğday diyeceğine arpa demiş.
Kadı atlar mı hiç? Elbet atlamaz;
«Hocam, demiş, bak bir hatâ işledin;
Herkes buğday dedi, sen arpa dedin.»
Hoca hemen dönmüş yüce huzura:
— «Canım, demiş, bu mühim bir şey midir?
 Yalan olduktan sonra
Buğday olmuş, arpa olmuş, hepsi bir!»

DÜŞMESEYMİŞ

Hoca bir gün dört nala sürerken eşeğini
Nasılsa, birdenbire, yerde bulur kendini.
Daha ne olduğunu iyice anlamadan
Çevirir etrafını sekiz on tane çocuk.
Her biri bir şey söyler abuk sabuk;
Bin bir türlü ses çıkar her kafadan.
Hocayla bir güzel alay ederler;
«Hoca, ne oldun?» derler.
Hocaysa asla bozuntuya vermez;
Püf noktasını kimseye göstermez.
— «Pek gülüyorsunuz! der, ama neden?
Düşmeseydim de inecektim zaten.»

Ja, es handelte sich dabei um Weizen.
— „Hodscha, würden dich tausend Taler reizen,
Wenn wir den Prozeß gewinnen?"
Bekanntlich läßt Hodscha kein Geld entrinnen;
So blickten seine Augen wie benebelt;
— „Jawohl!" sagte er und ging wie geknebelt.
Vor den Hohen Kadi sind sie alle gekommen;
Einer nach dem andern wurde vernommen.
Fast wäre die Sache geritzt,
  Verflixt,
Es fehlt noch Hodschas Aussage.
Der Kadi fragte ihn gleich aus.
— „Hoher Kadi!" begann Hodscha ganz vage.
  Sogleich, oh Wicht,
Statt Weizen rutschte ihm doch Gerste heraus.
Entgeht denn so was dem Kadi? Freilich nicht.
— „Hodscha", sprach er, „du hast dich wohl versprochen;
Während alle doch vom Weizen gesprochen."
Hodscha wandte sich an das Hohe Gericht:
— „Mein Gott", sagte er, „ ist das denn die erste?
  Da die Lüge doch nicht sticht,
Ist es gleich, ob's Weizen ist oder Gerste!"

WÄRE ER NICHT GEFALLEN

Als Hodscha einmal mit dem Esel im Galopp ritt,
Bekommt sein Hintern plötzlich vom Boden einen Tritt.
Noch bevor er ganz begriff, was ihm geschehen war,
Umringt ihn gleich ein Haufen Kinder.
Ein jedes redet wie ein Schinder;
Flegelei'n sind deutlich vernehmbar.
Sie haben feinen Spaß mit Hodscha,
Fragen: — „Was ist mit dir los, Quatscha?"
Aber Hodscha läßt sich nichts merken,
Zeigt seine Blöße nicht den Ferkeln.
— „Gut habt ihr lachen!" sagt er, „Bravo!"
„Wär' ich nicht gefallen, abgestiegen wär' ich sowieso."

DOKSAN DOKUZ OLSUN

Bizim hoca bir gece rüya görür;
Görülmeye değer, tatlı bir rüya.
Bu rüyada Hızır paralar verir
Bizim Hocaya.
«Sana tam yüz altın vereceğim» der.
Saydıkça Hızır sarı liraları,
Önünde sarı sarı,
Sevincinden Hocanın aklı başından gider.
Ama nedense Hızır doksan dokuzda durur.
Hasis Hoca tutturur,
— Ne bilsin bunun rüya olduğunu? —
Der ki: — «Dünyada kabul etmem bunu;
Hem yüz altın vereceğim diyorsun,
Hem de tutuyor hakkımı yiyorsun.
Ya şunu tamamla, yahut geri al.»
O zaman Hızır der ki: «Behey aval! . . .»
Demeye kalmaz, rüya tamam olur.
Hoca da kendisini
Bir ot yatakta bulur.
Rüyadaki altınların sesini
Şıkır şıkır duydukça
Deliye döner Hoca.
Şakası var mı bunun,
Doksan dokuz altın gidiyor elden.
Gözlerini kapatarak yeniden
Der ki: «— Kusurumuzu af buyurun.
Yüz diyip direten Tanrıdan bulsun.
Kabul! Olsun da doksan dokuz olsun.»

NEUNUNDNEUNZIG SIND RECHT

Unser Hodscha träumt eines Nachts;
Ein süßer Traum für einen Held.
In diesem Traum beschenkt Elias
   Unsern Hodscha mit Geld.
   „Ich geb' dir hundert Dukaten."
Elias zählt die goldnen Münzen,
   Die so herrlich glänzen;
Das läßt Hodscha aus'm Häuschen geraten.
Doch Elias hört bei neunundneunzig auf.
   Hodscha begehrt nun auf,
   — Weiß er, daß es nur ein Traum ist? —
Er sagt: — „Das ist doch eine List;
Du versprichst hundert Goldstücke
Und beschneidst mein Recht mit Tücke.
Ergänz es oder nimm's zurück."
Darauf spricht Elias: — „Mensch, verrückt! . . ."
Kaum sagt er das, endet der Traum.
   Hodscha befindet sich
   In einem kahlen Raum.
Das Gold im Traum, als wär's wirklich,
   Klingelt in seinem Ohr,
   Hodscha glotzt wie ein Tor.
   So 'was kennt keinen Spaß,
Neunundneunzig Stück Gold verrinnen.
Er schließt die Augen, will sinnen
Und sagt: — „Auf mich ist doch Verlaß.
Wer hundert sagt, ist nicht Gott's Knecht.
Auch neunundneunzig sind mir recht."

KARTALA KAÇMIŞ BÜLBÜL

Hoca bilmediği bir bağa girmiş;
Çıkmış bir ağacın dalına,
Artık ne geldiyse eline,
Koparmış koparmış, yemiş, bitirmiş ...
Tam o sıra dev gibi bir bahçivan belirmiş.
Hocada bet beniz atmış mı sana?
— «Hey! demiş bahçivan, bana baksana!
Ne yapıyorsun orda, babalık?»
Hoca bu, malûm, ağzı kalabalık.
Önce şöyle bir durmuş;
Sonra buna da kulp bulmuş, uydurmuş.
Demiş ki: — «Bülbülüm ben
Bu bağlar bahçeler de ülkelerim;
Böyle daldan dala konar gezerim.»
Bahçivan gülmüş: — «Eh bari bir ötsen!
Bir ötsen de dinlesek.
Gerçek bülbül olduğunu anlasak.»
Hoca hemen bağırmaya başlamış;
— Öyle de bir ses ki evlere şenlik —
Bağda ne dirlik kalmış, ne düzenlik;
Bahçivan afallamış:
— «Yahu! demiş, bülbül böyle mi öter?
Bir sesin var, hani, kargadan beter.»
Ama Hocanın da sabrı tükenmiş;
Tutamamış kendisini, celâllenmiş;
Demiş ki: — «Artık fazla oldun, yeter!
Kartala kaçmış bülbül böyle öter.»

ALTERNDE NACHTIGALL

Einen Garten betrat Hodscha munter,
  Kletterte auf einen Baum,
  Plünderte Krone und Saum,
Und er schlang alles restlos hinunter . . .
Da kam plötzlich ein riesiger Gärtner.
  Hodscha wurde ziemlich blaß.
  — „He, sieh mich an!" sprach ein Baß,
„Was machst du dort, mein Herrchen?"
Hodscha bekanntlich erzählt oft Märchen.
  Erst hielt er etwas inne;
Dann fuhr ihm ein Ausweg durch die Sinne:
  — „Ich bin eine Nachtigall;
Diese Gärten sind meine Länderei'n;
Ich flieg' umher, kehr' von Baum zu Baum ein."
Darauf lachte der Gärtner: — „Sing doch mal!
  Laß dem Gesang mich lauschen,
Mich an einer Nachtigall berauschen."
Hodscha begann gleich zu krächzen;
— Eine Stimme, die in den Ohren gellt —
Der Garten gleicht einer chaotischen Welt.
  Der Gärtner mußte ächzen:
— „Mensch! Singt denn so eine Nachtigall?
Schlimmer als die Krähe dein Widerhall."
Doch auch Hodscha verlor jetzt die Geduld;
Jähzornig gab er dem Gärtner die Schuld:
— „Nun reicht's denn! So singt eben überall
Eine alternde Nachtigall."

HOCA İLE DÖRT KÖR

Çökmüş dere boyunda bir taşın üzerine,
Dalgın gözlerle Hoca bakar durur sulara.
Dört tane kör çıka gelir o ara,
Dayana dayana değneklerine.
Hocaya para pul teklif ederler.
«Bizi karşıya geçir, para verelim» derler.
Sorarlar ne istiyeceğini de
Tekliflerini kabul ettiğinde.
Hoca düşünür, der ki: «İkişerden sekiz pul.»
Körler de cevap verir: «Peki, kabul!»
Bunun üzerine yüklenir Hoca
Rastgele bir tanesini körlerden
Kollarla beraber sıvanır paça.
Kör kendini karşıda bulur hemen.
İkinciyle üçüncü de böylece
Hocanın sırtında suyu geçince,
   Son köre gelir sıra.
Gelir ama, aksilik bu, olur a;
   Hoca birden sendeler;
Zavallı kör yuvarlanır sulara.
Sular da alır adamı sürükler.
   Kopar büyük yaygara.
   Körler meram anlamaz,
Hepsi «arkadaşımız!» der tutturur.
Ama Hoca da fazla dayanamaz.
— «Yeter artık, kafa şişirdiniz, der;
İki pul eksik verin, olur biter.»

HODSCHA UND VIER BLINDE

Hingekauert auf einem Felsen am Bach
Ins Wasser blickt Hodscha gedankenversunken.
Vier Blinde tappen 'ran gemach,
Mit ihren Stöcken wie trunken.
Sie gehn Hodscha um 'nen Dienst an:
— „Bring uns doch hinüber, wir zahlen auch gut, Mann."
Den Preis fragen sie ungefähr,
Mit dem er einverstanden wär.
Hodscha denkt nach und sagt: — „Acht Piaster, jeder zwei."
Die Blinden sagen: — „Gut, es sei!"
Drauf packt Hodscha, ohne zu zagen,
Irgendein' der blinden Leute.
Die Hose hoch über die Waden
Wird übergesetzt die Beute.
Auf'n Rücken den zweiten, dritten,
Die auch hinüber so ritten,
　　So kommt der letzte dran.
Wie es nun mal geschehen kann,
　　Stolpert Hodscha auf einmal;
Der Blinde liegt im Bach vom Stoß.
Die Fluten treiben ihn zu Tal.
　　Palaver und Streit brechen los.
　　Die Blinden toben wie wild,
Endlos jaulen sie: „Unser Freund!"
Doch darauf nicht gerade mild:
— „Schluß mit dem Ach und Krach!" sagt Hodscha,
„Zieht zwei Piaster ab, damit basta."

KARANLIKTA

Bizim Hoca, günlerden bir gün, kalkar
Misafir gider gece yatısına.
Akşam olur, soyunurlar, yatarlar.
Vakit yaklaşmış gece yarısına.
Hoca ha uyudu, ha uyuyacak,
Göz kapakları kapanmak üzeredir;
Tam o sıra ev sahibi seslenir:
— «Hocam, şu sağında bir mum olacak;
   Gerçi zahmet ya sana,
Onu alıp bu yana uzatsana.»
Uykunun da en civcivli zamanı;
Hoca gâvur eder mi böyle ânı,
Şöyle cevap verir bir aralıkta:
— «Doğrusu çok tuhaf adammışsın sen.
Hiç bu göz gözü görmez karanlıkta
Bilir miyim sağımı solumu ben?»

HÜLYANIN KOKUSU

Bir gün Hoca evde kendi kendine
Düşünür, dermiş ki: «Bir çorba olsa;
Biberle yağ gezdirseler üstüne;
Nanesi limonu da bolca olsa;
Nasıl atıştırırdım kaşık kaşık!»
Çat çat kapı çalınmış o aralık.
Koşmuş açmış: Komşunun küçük oğlu.
Elinde de bir tas; herhalde dolu.
Hoca hemen sormuş, gözleri tasta:
— «Hayrola, evlât; bir şey mi getirdin?»
Çocuk cevap vermiş: — «Anam pek hasta;
Sizde varsa azıcık çorba verin.»
   Bu sözleri duyunca
   Şaşırmış kalmış Hoca:
«Allah Allah! demiş, bizim komşular
Hülyadan bile koku alıyorlar.»

IM DUNKELN

Einmal ist Hodscha zu Besuch,
Und er bleibt dann auch über Nacht.
Man zieht sich um, legt sich aufs Tuch.
Denn es ist schon bald Mitternacht.
Und der Schlaf kennt keine Scherze,
Hodschas Lider fallen gleich zu;
Doch der Hausherr gibt keine Ruh':
— „Rechts von dir ist eine Kerze;
Verzeih', Hodscha, lieber,
Nimm und reich mir sie herüber."
Doch süß ist der Schlaf zu dieser Stund';
Hodscha denkt, das ist ein dicker Hund,
Und er gibt beiläufig zur Antwort:
— „Was für ein komischer Mensch du bist!
Wie an diesem stockfinsteren Ort
Soll ich wissen, wo rechts und links ist?"

DER GERUCH DER PHANTASIE

Einmal denkt Hodscha vor sich hin:
„Wär' doch jetzt eine Suppe da,
Zitrone und Bratöl darin,
Reichlich Minze und Paprika,
Wie gern würde ich sie löffeln!"
Da hört man die Türe klöpfeln.
Der Nachbarssohn streckt 'rein den Kopf.
In der Hand hält er einen Topf.
Hodscha schaut voller Hoffnung drauf:
— „Nanu, Kind, bringst du etwas mit?"
— „Mutter ist krank; sie sagte, lauf,
Unsern Nachbar um Suppe bitt'."
   Als Hodscha dies vernahm,
   Aus'm Staunen er nicht kam:
— „Unsere Nachbarn, so sind sie,
Sie riechen selbst die Phantasie."

SANA NE?

Başkasının işine karışmamalı insan;
Burnunu sokmamalı aklına esen şeye.
    İşte bunu gösteren bir hikâye
    Bizim merhum Hocadan:

Bir gün biri gelmiş bizim Hocaya;
Ukalâlık da parayla değil ya,
«Bir tepsi baklava gidiyor.» demiş.
    Hoca hemen terslemiş:
— Bana ne?
Ama yine anlayamamış adam.
— «Sizin eve gidiyor, demiş, Hocam.»
    Hoca terslemiş yine:
— «Seni adam etmek de sahi pek zor;
Madem tepsi bizim eve gidiyor,
    Sana ne?»

YILDIZLA ISINMIŞ

Hocadan bir ziyafet koparabilmek için
Eşi dostu zorlayıp bir bahse tutuşurlar.
Derler ki: «Bu geceyi kırda geçireceksin.
Yapabilirsen sana büyük bir ziyafet var.
Üşür eve dönersen ziyafet sana düşer;
Yarın akşam damlarız kapına üçer beşer.»
    Hoca çıkar kıra, gün batar batmaz.
    Hava da, aksine, ayaz mı ayaz.
    İşin ucundaysa türlü yemekler,
    Dişini tırnağına katar, bekler.
    Şafak söker, kalkar gelir evine,
    «Kazandık!» diye sevine sevine,

WAS GEHT DAS DICH AN?

In fremde Sachen soll man sich nicht einmischen;
Nicht in alles hineinstecken seine Nase.
   Darüber will nun ein alter Hase,
   Hodscha, diese Geschichte auftischen:
Zu unserm Hodscha kam einmal einer;
Weil's nichts kostet, vorlaut wie keiner:
,,Man trägt ein Tablett Baklawa."
Schroff antwortete ihm Hodscha:
— ,,Was geht das mich an?"
Der Mann machte sich nichts daraus.
— ,,Hodscha, es geht doch in euer Haus."
   Hodscha wieder zum Mann:
— ,,Bist du denn gar nicht zu retten;
Wenn wir's in unserm Haus hätten,
   Was geht das dich an?"

Baklawa (türkische Schreibweise: baklava) = eine beliebte türkische Süßspeise aus Blätterteig und Nüssen.

AN STERNEN ERWÄRMT

Um dem Hodscha ein Gastmahl abzuringen,
Zwingen ihn Bekannte zu einer Wette:
— ,,Du sollst nur die Nacht im Freien verbringen.
Dann kriegst du Essen, wieviel man gern hätte.
Frierst und kehrst du heim, lädst du zum Essen ein.
Morgen abend werden wir bei dir einschnei'n."
   Hodscha geht 'raus, denn Abend wird's bald.
   Zu seinem Pech ist es auch noch bitterkalt.
   Doch es winken allerlei Speisen.
   Er muß die Zähn' zusammenbeißen.
   Bei Sonnenaufgang geht er nach Haus,
   ,,Gewonnen!" bricht er in Freude aus.

Dostlarıyse mızıkçılık ederler;
— «Hoca be! Dâvayı kaybettin, derler;
Hani kalacaktın sabaha kadar.»
— «Kaldık!» — «Kaldın ya, bir nokta daha var
Yerine getirmedin bize verdiğin sözü.
Isındın; yıldız doluydu gökyüzü.»
— «Yıldızla mı ısındık?» — «Yıldızla ısındın ya!
Akşama geliyoruz fazla bekletme bizi
Başla güneş batmadan kuzuyu kızartmaya.»
Kurtuluş yok, «Eh! Buyrun öyleyse!» der;
Kalkar, evine gider.
Akşam olur, komşular sökün eder.
Azıcık otururlar misafir odasında;
Ama hepsinin aklı kuzu kızartmasında.
Nihayet hafif tertip çıtlatılır,
Münasipçe bir dille yemek hatırlatılır.
Hoca «İşiniz, der, pek mi acele?
Az bekleyin, kuzu kızarsın hele!»
Takatlar gittikçe azalmaktadır;
Açlıktan karınları zil çalmaktadır.
Nihayet hep birden isyan ederler;
«Ne zaman yemek yiyeceğiz? derler,
Galiba balık kavağa çıkınca!»
«Patlamayın, kızarıyor» der Hoca.
— «Kızarıyor ya, nerde? Görsek şunu
Anlasak sözünün doğruluğunu.»
— «Hay hay! Zahmet edin mutfağa kadar.»
Kalkıp mutfağa giderler, bakarlar.
Bakarlar kuzunun altında bir mum;
Ölü gözü gibi, kurban olduğum.
— «Hoca! derler, bu ne?» — «Kuzu ya işte!»
— «Yani bu mum mu pişirecek bunu?»
Hoca kızar, der ki: «Behey avanak!
Sen keyfine bak;
Yıldızla ısınılan memlekette
Bu mum yakar kavurur bile onu.»

Die Freunde wollen's weitertreiben:
— „Du sollst die Händ' nicht zu früh reiben;
Bleiben wolltest du bis zum Morgen."
— „Bin doch!" — „Gewiß, doch hab'n wir Sorgen,
Du hast dein Wort verfehlt; denk einen Moment,
Hast dich erwärmt, voll Stern' war das Firmament.
— „Ich an Sternen erwärmt?" — „An Sternen, freilich!
Laß uns nicht warten, wir kommen am Abend,
Spieß schon das Lamm auf, heut' abend wird's eilig."
— „Dann, kommt mal!" sagt er ohne Ausweg
Und macht sich auf den Hausweg.
Am Abend tauchen, das Mahl sich zu teilen,
Die Nachbarn auf, im Gästezimmer sie weilen;
Ihre Gedanken an den Lammspieß eilen.
Schließlich wird's vornehm angedeutet,
Man säh' es gern, würd' zu Tisch jetzt geläutet.
— „Habt ihr es sehr eilig?" fragt Hodscha,
„Geduldet euch, das Lamm wird noch gar!"
An Kräften spüren sie das Nagen;
Vor Hunger knurrt ihnen der Magen.
Zu meutern beginnen sie schließlich;
— „Wann ess'n wir?" fragen sie verdrießlich,
„Doch wohl am Sanktnimmerleinstage!"
— „Platzt nicht! Es wird gar", Hodscha auf die Frage.
— „Es wird gar, aber wo? Laß uns geh'n,
Ob deine Worte wahr sind, zu seh'n."
— „Mit Vergnügen! Kommt in die Küche."
Sie geh'n zum Ort der Wohlgerüche.
Unterm Lamm seh'n sie eine Kerze flackern;
Wie erlosch'nes Augenlicht sich abrackern.
— „Hodscha! Was soll das sein?" — „Na, das Lamm!"
— „Wird es denn durch diese Kerze gar?"
Hodscha erzürnt: — „He, Einfaltspinsel!
Bleib auf deiner Glücksinsel;
Wo man an Sternen warm werden kann,
Da brennt's von der Kerze an sogar."

AĞIZ TADI İLE

Bir gün biri Hocaya bir ciğer tarif eder;
«Hele bir pişir de gör, ne kadar lezzetli!» der.
Hoca da bu tarifi, tutar, kâğıda yazar.
Akşam eve giderken, dolaşıp çarşı pazar,
Tarife en uygun ciğeri bulur.
Alır, evinin yoluna koyulur.
— Sen misin ciğer elde eve giden?—
Düşüne düşüne yürürken Hoca
Gökten ok gibi inen bir atmaca,
Kaptığı gibi ciğeri elinden,
Bir anda yedi kat gökleri boylar.
Hoca, garip, birdenbire afallar.
Önce anlayamaz ne olduğunu;
Sonra göğe uzatıp yumruğunu
Der ki: — «Hiç yorulma, tarife bende;
  Ne kadar istesen de
Ağız tadiyle yiyemezsin onu.»

TİMUR'UN FİATI

Timur bir gün Hoca ile hamama gider.
Soyunur dökünür, içeriye girerler.
Yıkanırlarken birdenbire Timur sorar.
— «Hoca, der, ben kul olsam kaç akça ederim?»
  Hocanın da pervası mı var?
  Şöyle bir yalancıktan zihin yorar:
  — «Bana sorarsan ben yüz akça derim.»
  Timur kızar: — «Amma da yaptın, Hoca! ...
  Yalnız şu peştemal eder yüz akça.»
  Hoca bu söze bayılır gülmekten;
  Eğilir, Timur'a der ki yavaşça:
  — «Ben de ona fiyat biçmiştim zaten.»

MIT GENUSS

Einmal beschreibt jemand Hodscha eine Leberspeise;
— „Koch sie mal, sie schmeckt dir sehr auf diese Weise!"
Hodscha schreibt das Rezept sorgfältig auf.
Abends auf dem Heimweg fragt er alle Metzger zum Kauf
Und macht schließlich die beste Leber aus.
   Die kauft er und begibt sich nach Haus.
   — Doch, trägst du sie nicht sorglos genug? —
Voll Vorfreude geht Hodscha munter,
Ein Habicht stürzt vom Himmel 'runter,
Reißt die Leber weg mit einem Zug
Und steigt gleich wieder in den Himmel.
Hodscha, der Arme, steht sprachlos da.
Erst kann er nicht fassen, was geschah;
Dann ballt er seine Faust gen Himmel:
— „Bemüh' dich nicht, ich hab' das Rezept;
   Das bringt dich aus dem Konzept,
Du genießt sie eh nicht, du Lümmel."

TAMERLANS PREIS

Einmal geht Tamerlan mit Hodscha ins Bad.
Beide ziehen sich aus und schreiten zur Tat.
Plötzlich fragt Tamerlan beim Baden:
— „Sag, Hodscha, wär' ich ein Knecht, was wär' mein Wert?"
Hodscha kennt kein' Respekt beim Raten.
Es krabbeln in seinem Hirn Maden:
— „Wenn du mich fragst, ich sage Hundert."
Tamerlan: — „Was sagst du da, Hodscha!
Mein Tuch schon kostet hundert Aktscha."
Drauf muß Hodscha zum Bersten lachen,
Leis zu Tamerlans Ohr spricht er da:
— „Ich schätzte auch nur diese Sachen."

Der Herrscher der Mongolen, Tamerlan der Lahme (türkische Leseart: Timurlenk), besiegte 1402
bei Ankara den osmanischen Sultan Yildirim Beyazit I. und herrschte einige Jahre über Anatolien.

Aktscha (türkische Schreibweise: Akça) = eine alte, türkische Währung.

FİL HİKÂYESİ

Timur, Akşehir'e, bakılsın diye
Bir fil verir. Bu fil bütün beldeye
Gerçekten bir baş belâsı kesilir.
Ne tek durmak bilir, ne doymak bilir.
Nihayet tak eder halkın canına.
Bakmaktan usanırlar Timur'un hayvanına.
Bir gün toplanır, meşveret ederler;
«Ne yapsak da kurtulsak şu musibetten?» derler.
Biri «Hocayı da, der, yanımıza katalım;
Gidip Timur'a hali anlatalım.»
Güç iş ama, bu fikri Hoca bile beğenir.
(Elle gelen, düğün bayram; ne denir?)
Hoca önde, kafile çıkar yola.
Gel gelelim saraya yaklaştıkça
Kimi sağa sıvışır, kimi sola.
Tam kapıya gelince bir de bakar ki Hoca
Yalnız kendisi kalmış, kala kala.
Bunu görür görmez pek hiddet eder.
Eh! «Şimdi ben size gösteririm!» der.
Huzura alınınca Timur sorar:
— «Hayrola, Hoca, ne var?»
— «Beyim, müteşekkiriz zatı devletinize;
Şu fili iyi ki verdiniz bize.
Verdiniz ya bu değil şimdi sizden niyazım;
Bu fil pek yalnız, buna bir eş lâzım . . .»
Daha sözünü bitirmeden Hoca
Timur hemen atılır; der ki: — «Hay hay!
File eş mi istiyorsunuz? Kolay!»
Hoca işini bitirip çıkınca
Bir sürü adam sarar dört yanını.
«Veriyor muyuz, derler, Timur'un hayvanını?»
Hoca söylenenleri duymaz bile.
Kalabalığı durdurup eliyle
«— Gürültü etmeyin, der, ne oluyor?
Müjde işte, dişisi de geliyor!»

DIE GESCHICHTE VOM ELEFANTEN

Der Stadt Akschehir gibt Tamerlan zur Pflege
Einen Elefanten. Wahrlich zu einer Plage
Wird dieser Elefant für den ganzen Ort.
Unersättlich ist er und versteht auch kein Wort.
Schließlich geht es den Leuten über die Hutschnur.
Tamerlans Vieh endlich loszuwerden, ist ihr Wunsch nur.
Einmal treffen sie sich zu einer Beratung:
„Uns von dem Unglück zu befrein, ist Thema der Tagung."
„Mit Hodscha," sagt einer, „ziehen wir zu Tamerlan fort,
Von unserer Lage erzählen wir ihm dort."
Sehr schwer, doch Hodscha läßt sich davon auch beeindrucken.
(Kann man sich mit fremden Federn besser schmücken?)
Hodscha voran nähern sie sich dem Ziele.
Je näher das Schloß rückt,
Nach rechts und links verschwinden viele.
Gleich vor der Pforte dreht sich Hodscha um und wird verrückt;
Denn außer sich allein sieht er keine Seele.
Der Anblick läßt ihm das Blut in den Kopf steigen.
„Wartet nur," sagt er, „ich werd' es euch schon zeigen!"
Tamerlan fragt bei der Audienz:
  — „Was ist, Hodscha, was gibt es?"
— „Herr, wir sind dankbar für Euer Hoheit Segen;
Es war gut, uns den Elefanten zu geben.
Sie gaben ihn uns, doch wir haben noch eine Bitte;
Er ist sehr einsam; damit er nicht mehr litte . . ."
Kaum sprach Hodscha zu Ende,
Fällt ihm Tamerlan ins Wort: — „Recht hast du!
So wollt ihr für ihn eine Elefantenkuh?"
Hinaus nach der Audienz tritt Hodscha behende,
'n Haufen Männer umringt ihn von allen Seiten:
— „Geben wir das Vieh ab? Ist's zu End' mit unserm Leiden?"
Diesen Worten hört Hodscha nicht mal zu.
Mit einer Handbewegung bringt er die Menge zur Ruh:
  — „Warum schreit ihr aus eurem ganzen Leib?
Hört die Überraschung, er kriegt nun auch ein Weib!"

HOCANIN ÖLÜMDEN KURTULUŞU

Hocanın karısı bir gün Hocanın
Cüppesini yıkar; bahçeye asar.
Eve geç dönen Hoca derhal feryadı basar:
— «Bahçede bir hırsız var; aman! Çabuk ol kadın!
Çabuk bana okumla yayımı ver.»
Okla yay hemen gelir; Hoca yayı bir gerer;
Yaradana sığınıp şöyle cüppeye atar.
Aklınca da hırsızı yere serer.
Sonra, çekilir odasına, yatar.
Sabah olup ortalık ağarınca
Kalkar bakar ki Hoca,
Vurduğu kendi cüppesiymiş meğer;
O zaman kendi kendine şöyle der:
«Dün gece demek ben bundan korkmuşum ...
Bereket versin içinde yokmuşum.»

DAMDA

Hoca çıkmış, dam aktarırmış damda.
Kapı çalınmış bir an.
Eğilmiş bakmış: Bir adam. Adamda
Ne üst, ne baş ... Perişan.
Merak etmiş sormuş: — «Kimi istedin?»
— «Seni, Hocam, biraz aşağıya in.»
— «İyi ama, ağam, işim acele;
Ne söyleyeceksen oradan söyle.»
— «Bir ricam var senden, küçük bir ricam.
Aşağıya insen ne olur, Hocam?»
«Her halde iş mühim! Anlamak gerek.
Bakalım neymiş muradı?» diyerek
Takım taklavatı bırakıp dama
İnmiş kırk bir basamak merdiveni.
Açarak kapıyı sormuş adama:
— «Söyle. Ne var? Niçin indirdin beni?»

WIE HODSCHA KNAPP DEM TOD ENTGEHT

Hodschas Frau wäscht seinen Talar,
Hängt ihn im Garten auf die Lein'.
Spät heimgekehrt muß Hodscha laut aufschrein:
— „Im Garten ist ein Dieb! Frau, es ist wahr!
Bring mir meinen Pfeil und Bogen."
Pfeil und Bogen von Hodscha gezogen,
Schießt er mit aller Kraft auf den Talar.
Der vermeintliche Dieb geht zu Boden.
Danach legt er sich schlafen gar.
Als es graut am andern Morgen,
Gewahrt Hodscha voller Sorgen,
Daß er den eignen Talar getroffen;
Darauf gesteht er ganz offen:
— „Davor ich nachts erschrocken bin,
Gott sei Dank, war ich selbst nicht drin."

AUF DEM DACH

Hodscha wollt' sein Dach umbelegen.
    Da wird an die Tür geklopft.
Er bückte sich: ein Herr. Von wegen,
Kleider zerlumpt, schlecht gestopft.
Hodscha neugierig: — „Wen wolltest du?"
— „Dich, Hodscha, komm 'runter, hör mir zu."
— „Leicht gesagt, doch getan etwas schwer;
Sag mir schon von dort, was dein Begehr."
— „Eine Bitte hätt' ich, 'ne kleine.
Komm doch, bist ja nicht an der Leine?"
Er dachte: „Die Sach' muß wichtig sein!
Mal sehn, schenkt er mir reinen Wein ein?"
Er ließ sein Werkzeug oben liegen
Und stieg vierzig Stufen hinunter.
An der Tür wollt' er 'raus es kriegen:
— „Was gibt's? Warum riefst du mich 'runter?"

Adam demiş ki: — «Hocam, ne olursun!
Allah kazadan belâdan korusun.
Derd verip derman aratmasın Rabbim.
Sevaptır, bir sadaka ver, fakirim.»
    Bu lâfları duyunca
    Deliye dönmüş Hoca.
Tâ damlardan inişine mi yansın,
Yarıda kalan işine mi yansın?
    Ama Hoca bu, kurnaz ...
— «Hele yukarı gel benimle biraz;
Üst tarafını orada söylersin.»
Varınca, ikisi de nefes nefese, dama
    Hoca dönmüş adama,
    Demiş ki: — «Allah versin!»

HİÇ

    Hoca kadıyken iki adam gelir;
    Biri ötekinden şikâyetçidir.
Der ki: — «Hocam! Ben yolda gidiyordum;
    Bu da evine odun taşıyordu.
Sırtından çuval düşmüş, boyna uğraşıyordu.
    Arkadaş, dedim, sordum:
    Tutsam şu çuvalı vursam sırtına,
    Karşılığında ne verirsin bana?
    Hiç! dedi. Âlâ! Mesele kalmadı;
        Demek anlaştık, dedim;
        Tuttum yükü, yükledim.
    Ya borcun? dedim; oralı olmadı.
    Şimdi ben hakkımı istemez miyim?
    Ver bakalım borcunu demez miyim? ...»
Hoca keser, der ki: — «Doğru! Haklısın!
Madem ki vadetmiş, alacaksın.
    Yalnız bir zahmet et şuraya kadar;
        Kaldır şu kilimi; altında ne var?»
— «Ne mi var? Hiç!» — «Hah! Al onu oradan,
Çek git! Kaldı mı alacağın falan?»

Darauf der Mann: — ,,Hodscha, hab' Mitleid!
Gott schütze dich vor aller Bosheit.
Der Herr mög' sich deiner erbarmen.
Ja, gib ein Almosen dem Armen."
   Als er die Worte gehört,
   War Hodscha sichtlich verstört.
Was soll ihm jetzt mehr leid tun,
Er stieg vom Dach, und die Arbeit mußte ruhn.
   Doch Hodscha, Schlaumeier, der er ist,
   — ,,Komm mit hinauf," sagte voller List;
,,Erzähl mir den Rest oben in Ruh'."
Atemlos kamen sie auf'm Dach an,
   Hodscha dreht' sich um zum Mann:
   — ,,Mensch! Wende dich doch Gott zu!"

NICHTS

Zu Hodscha, dem Kadi, kommen zwei Leute;
Sie streiten sich um eine fette Beute.
— ,,Hodscha! Ich ging auf der Straße," klagte
Der eine: ,,Der da trug Holz nach Hause.
Der Sack fiel ihm vom Rücken, er machte Pause.
   Kamerad, sagte ich und fragte:
Wenn ich den Sack auf sein' Rücken hebe,
Was er mir für meine Mühe gebe?
Nichts! sagte er. Bestens! Kein Aufhebens;
   Also abgemacht, sagte ich;
   Ich faßte an, die Last hob sich.
Und deine Schuld? fragte ich vergebens.
Sollt' ich denn nicht nach meinem Recht fragen?
Bezahl doch deine Schuld, ihm sagen?"
Hodscha unterbricht: — ,,Richtig! Recht hast du!
Wenn er schon versprach, steht's dir gewiß zu.
Nur bemüh dich bitte geschwind hierher;
Heb den Kelim, was liegt drunter bitt' sehr?"
— ,,Was drunter liegt? Nichts!" — ,,So! Nimm's nun von dort,
Hast du sonst keine Wünsch'? Verschwind sofort!"

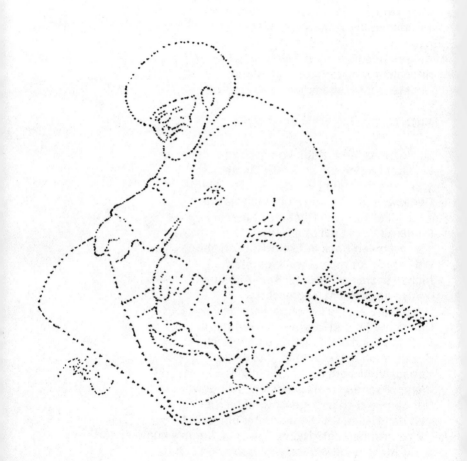

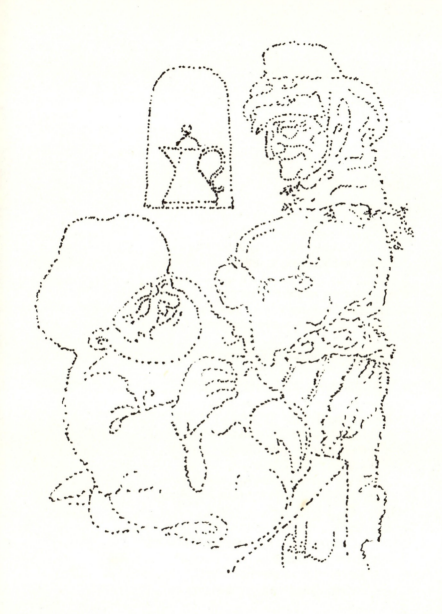

HEPSİ HAKLI

Dünya böyle! İşini bilen kişi
Kendi çıkarına uydurur işi.
– İyi, kötü – hep konuşan haklıdır.
İşte bu hikâye bunu anlatır.
Bir ters görüş bir anda nice bin aklı çeler.
Eskiler de boşuna dememişler
«Anlatılışa göre fetva verilir» diye . . .
Neyse, lâfı bırakıp geçelim hikâyeye:

Bir gün iki adam gelir Hocaya.
İkisi de birbirinden davacı.
Başlar birinci adam anlatmaya;
Söyler, yanar, yakılır, acı acı.
Hoca dikkatle dinler.
Sonunda da «Doğru! Sen haklısın!» der.
Bunun üzerine fırlar öteki.
Meseleyi öyle bir anlatır ki
Hak vermemek elden gelmez duyunca.
Dinler, «Eh! Sen de haklısın» der Hoca.
Hocanın karısı da o anda oradadır.
Kocasının hükmünü duyar duymaz atılır:
— «Canım, Hoca! der, böyle şey olur mu?
Ya o haklı, ya da bu!»
O zaman Hoca karısına döner:
— «Karı! Vallahi sen de haklısın!» der.

ALLE HABEN RECHT

So ist die Welt! Wer sich in ihr auskennt,
Biegt alles im eignen Sinne zurecht.
— Gut, bös' — recht hat nur der, der grade spricht.
Davon erzählt auch folgende Geschicht'.
So ist es: Verkehrte Ansicht, verkehrte Welt.
Die Alten schon haben dies festgestellt:
„Wie du erzählst, so wird auch beurteilt dein Tun."
Langer Rede kurzer Sinn, die Geschichte nun:

Zu Hodscha kommen einmal zwei Männer.
Beide klagen einander an.
Zu erzählen beginnt der erste Mann;
Es jammert und palavert da ein Kenner.
Hodscha hört aufmerksam zu.
Schließlich sagt er: — „Richtig! Recht hast du!"
Voll Zorn der andre wie ihm gebühren
Tischt seine Version auf so rührend,
Daß man ihm das Recht nicht entsagen kann.
— „So! Tja, du hast auch recht," sagt Hodscha dann.
Doch zugegen ist auch Hodschas Frau.
Aus seinem Urteil wird sie nicht schlau:
— „Lieber Hodscha! Ich bin wahrlich empört!
Diesem oder jenem das Recht gehört!"
Darauf spricht Hodscha aus dem ganzen Leib:
— „Fürwahr, du hast auch recht, Weib!"

Sprachlicher Übungsteil — Dil Alıştırmaları

Diese Reihe „Texte in zwei Sprachen" wird zunächst unter literarischem Aspekt publiziert. Das weitere Anliegen ist ein soziales: Dem deutschen Leser, der im Alltag ständig mit türkischen Mitbürgern konfrontiert wird, sollen diese Menschen, ihr Denken und Fühlen näher gebracht, verständlich gemacht werden. Dem türkischen Leser im Ausland — oft zwischen zwei Welten orientierungslos — soll literarische Orientierungs- und Sozialisationshilfe geboten, sein Lesebedürfnis soll wenigstens teilweise abgedeckt werden.

Zweisprachigkeit bietet sich erstens bei einer literarischen Übersetzung an, sie dient ihrer Rechtfertigung und Vervollständigung. Zweisprachigkeit ist aber auch ein Gebot der Stunde: für Türken in Deutschland, damit sie sich hier zurecht finden; für Deutsche, die mit den Türken heute in allen Lebensbereichen Umgang haben.

Daher auch der kleine sprachliche Übungsteil, um die Chance, die diese zweisprachige Reihe bietet, auch zur Einübung sprachlicher Fertigkeiten zu nutzen. Jedes Buch enthält andere Übungstypen, welche jeweils von den dargebotenen Textsorten abhängen. Sie sollen zugleich ein Anreiz sein, aus den Texten ähnliche oder andere Übungen selber zusätzlich zusammenzustellen.

Bu, „İki Dilde Yayınlar" dizisi, her şeyden önce yazınsal ölçütlere göre oluşur. Bir ikinci ölçüt ise, toplumsal niteliktedir: Günlük yaşamında sürekli olarak Türklerle birarada olan Alman okura, bu insanların ekinsel bağlamları, düşünce ve duyguları yazın aracılığıyla iletilebilir. Çoğun iki evren arasına sıkışmış kalmış, yabancı ülkelerdeki Türk okura ise, yazın yoluyla bir yön bulma, toplumsallaşma yardımı şunulabilir, onun okuma gereksinimi bir ölçüde giderilir.

İki dillilik, öncelikle yazınsal çevirinin bir gereğidir, yazınsal çevirinin gerekçesini sağlamlaştırır ve yazınsal çevirinin kendisini bütünler. İki dillilik ama aynı zamanda günümüzün bir gereğidir: Hem Almanya'daki Türkler, hem de bu Türklerle sürekli, giderek kişisel ilişki içindeki Almanlar için.

Bu yüzden, dil alıştırmaları bölümünü sunuyoruz: İki dildeki bir dizinin açtığı olanaktan yararlanıp, dil becerilerini de bir ölçüde ilerletmek için. Metinlerin çeşitliliğine uygun olarak, her kitapta ayrı alıştırma biçimleri sunulmaktadır. Bunlar, okurun metinlerden benzeri, ya da daha başka alıştırmaları da türetmesi için, aynı zamanda bir özendirme olarak düşünülmüştür.

Deutsche und türkische Redewendungen

Übungen für Leser, die in der Zielsprache — sie kann Deutsch oder Türkisch sein — bereits einige Vorkenntnisse haben: In den vorliegenden Nasreddin-Hodscha-Geschichten kommen zahlreiche türkische Redewendungen vor, die ins Deutsche mit vollkommen identischen oder mit adäquaten Entsprechungen oder relativ frei, nur sinngemäß übersetzt wurden.

I. Mit welchen türkischen Redewendungen sind die *kursiv*gedruckten Ausdrücke in diesen Beispielen identisch? Finde in den türkischen Texten die Stellen und unterstreiche sie.

1. „*Ich bin knapp bei Kasse* ..." sagt er, drum. (Seite 11)
2. *Er dreht ihn ein paarmal hin und her.* (Seite 15)
3. Hodscha *verschlägt es die Sprache.* (Seite 19)
4. So blickten *seine Augen wie benebelt.* (Seite 21)
5. *Noch bevor er ganz begriff,* was ihm geschehen war. (Seite 21)
6. *Wie gern würde ich sie löffeln.* (Seite 31)
7. *Was geht das dich an?* (Seite 35)
8. Er muß *die Zähn'* (= *die Zähne*) *zusammenbeißen.* (Seite 35)
9. Vor Hunger *knurrt ihnen der Magen.* (Seite 37)
10. „Wartet nur", sagt er, „*ich werde es euch zeigen!*" (Seite 43)
11. *Gott sei Dank*, war ich selbst nicht drin. (Seite 45)
12. *Langer Rede kurzer Sinn*, die Geschichte nun. (Seite 51)

II. Die *kursiv*gedruckten türkischen Ausdrücke und Redewendungen in diesen Beispielzeilen haben in der deutschen Übersetzung adäquate Entsprechungen. Finde diese in den deutschen Texten und unterstreiche sie.

1. *Neler icad etmez Hocanın aklı!* (Seite 18)
2. Malum, *paraya dayanamaz* Hoca. (Seite 20)
3. Hocaysa asla *bozuntuya vermez.* (Seite 20)
4. Sevincinden Hocanın *aklı başından gider.* (Seite 22)
5. Bağda *ne dirlik kalmış, ne düzenlik.* (Seite 26)
6. *Kopar büyük yaygara.* (Seite 28)
7. Uykunun da *en civcivli zamanı.* (Seite 30)
8. Yarın akşam *damlarız kapına üçer beşer.* (Seite 34)
9. Galiba *balık kavağa çıkınca.* (Seite 36)
10. Hoca bu söze *bayılır gülmekten.* (Seite 38)
11. Nihayet *tak eder halkın canına.* (Seite 42)
12. Allah *kazadan belâdan* korusun. (Seite 46)

III. Die *kursiv*gedruckten deutschen Ausdrücke geben die türkischen nur sinngemäß wieder. Finde die Stellen im Text und unterstreiche sie. Warum konnten diese Ausdrücke *nur* sinngemäß übersetzt werden? Ist der Reim- und Metrumzwang der Grund dafür, oder drücken beide Sprachen manchmal auch den gleichen Sachverhalt anders aus? Versuche diese türkischen Ausdrücke einmal wortwörtlich zu übersetzen.

1. *Den Wunsch muß man erfüllen*, weil du's bist. (Seite 11)
2. *Flegelei'n sind deutlich vernehmbar.* (Seite 21)
3. Zeigt *seine Blöße* nicht den Ferkeln. (Seite 21)
4. Wer hundert sagt, *ist nicht Gott's Knecht.* (Seite 23)
5. Hodscha wurde *ziemlich blaß.* (Seite 27)
6. Eine Stimme, die *in den Ohren gellt.* (Seite 27)
7. *Die Hosen hoch über die Waden.* (Seite 29)
8. „*Schluß mit dem Ach und Krach!*" sagt Hodscha. (Seite 29)
9. Schließlich wird's *vornehm angedeutet.* (Seite 37)
10. Beide ziehen sich aus und *schreiten zur Tat.* (Seite 39)
11. War Hodscha *sichtlich verstört.* (Seite 47)
12. So ist es: *Verkehrte Ansicht, verkehrte Welt.* (Seite 51)

IV. Untersuche die Texte nach anderen Ausdrücken und Redewendungen. Finde für jede der drei Gruppen neue Beispiele.

....
....
....
....
....

TEXTE IN ZWEI SPRACHEN / deutsch - türkisch
ausgezeichnet mit dem Preis des Roten Elefanten '80

Soziale Erfahrungen der ausländischen Arbeiter bzw. ihrer Kinder
(mit sprachlichem Übungsteil ; für Jugendliche besonders geeignet)

YÜKSEL PAZARKAYA	"Heimat in der Fremde?"	45 Seiten	DM 6,80
FAKİR BAYKURT	"Die Friedenstorte"	95 Seiten	DM 9,80
MUSTAPHA EL HAJAJ	"Fünf Geschichten"	45 Seiten	DM 6.80

Zur Vermittlung türkischen Kulturguts : Geschichten in Versform,
Schwänke , Märchen (mit sprachlichem Übungsteil, auch für Kinder ab 10 J. geeignet)

NAZIM HİKMET	"Allem Kallem - Ein Märchen"	50 Seiten	DM 7,80
ARAS ÖREN	"Alte Märchen neu erzählt"	50 Seiten	DM 7,80
ORHAN VELİ KANIK	"Das Wort des Esels / Geschichten von Nasreddin Hodscha"	54 Seiten	DM 7,80

Die Problematik der Arbeitsemigration und ihr Niederschlag
in der türkischen Literatur (ohne sprachlichen Übungsteil)

YUSUF Z. BAHADINLI	"Zwischen zwei Welten"		79 Seiten	DM 9,80
HABİB BEKTAŞ	"Belagerung des Lebens"	ca	80 Seiten	DM 9,80
GÜLTEN DAYIOĞLU	"Beiß die Zähne zusammen"	ca	80 Seiten	DM 9,80

Und ein Liederbuch in zwei Sprachen , deutsch - türkisch, mit Noten!!!

So lassen sich diese Lieder in Schulen,Jugendhäusern,auf Veranstaltungen
und Treffen,in kleinem oder großem Kreis,überall dort,wo Türken und
Deutsche sonst häufig in "Sprachlosigkeit" einander begegnen,vorspielen
und vor allem gemeinsam singen.

ZÜLFÜ LİVANELİ	"Lieder zwischen Vorgestern und Übermorgen"	70 Seiten	DM 12,80

Ararat Verlag GmbH , Kottbusser Damm 79, 1000 Berlin 61

Deutscher Jugendbuchpreis Auswahl '79

VASIF ÖNGÖREN

Des Märchens Kern

507 Seiten
mit 10 ganzseitigen
vierfarbigen Bildern
und zahlreichen
schwarz-weißen
Zeichnungen.

Gebunden DM 36,00
ISBN 3-921889-04-9

... Sollte in den Besitz jedes Jugendlichen um die Zwölf gehören, der sich nicht mit dem zufrieden gibt, was ihm in der Schule, im Elternhaus, in der Presse oder sonstwo angeboten wird, sondern der bereit ist, sich auseinanderzusetzen mit dem, was die Geschichte ihm als mögliche Alternative für ein sinnvolles Handeln offen läßt – und das amüsant, spannend, ergreifend, erlebnisreich bis zu dem Punkt, wo Groschen auf Groschen einfach fällt – zwangsläufig ... Es hat lange gedauert, bis ein Buch gleichen Niveaus und gleicher Aussagekraft auf den Markt kam. So empfiehlt es sich, »Des Märchens Kern« von Vasif Öngören zu verschenken, zu besitzen...
WESTDEUTSCHER RUNDFUNK

... Inspiriert von den östlichen Traditionen des Geschichten-Erzählens, engagiert und weltoffen, kindlich und poetisch, phantastisch und doch sehr zeitgemäß und konkret gestaltet dieser bewundernswerte Einzelgänger des Kinderbuchs Welten im Kopf, die die Welten der Wirklichkeit auf einer anderen Ebene und daher neu erlebbar widerspiegeln...
NEUER BÜCHERDIENST – WIEN